Valérie van Nes

Messbuch für Kinder

Valérie van Nes

Messbuch für Kinder

Wie der Priester mit der Gemeinde die heilige Messe feiert

Dominus-Verlag
Augsburg 2019

Erste Auflage. 2019

Bibliografische Information der Deutschen Bibliothek:
Die Deutsche Nationalbibliothek verzeichnet diese Publikation in der Deutschen Nationalbibliografie;
detaillierte bibliografische Daten sind im Internet über http://dnb.dnb.de abrufbar.

Mit herzlichem Dank an Geistlichen Rat Erwin Reichart,
den Wallfahrtsdirektor von Maria Vesperbild, sowie an die Ministranten, an die anderen Kinder
und deren Familien, die sich für das Fotografieren zur Verfügung gestellt haben.

Die Autorin Valérie van Nes und ihr Mann sind Eltern von sieben Kindern.
Liturgische und theologische Beratung: Dr. theol. Peter C. Düren
Lektorat: Claudia Fuchs
Fotos und Layout: Andreas Düren

Dr. Peter C. Düren, Mittleres Pfaffengäßchen 11, 86152 Augsburg, Deutschland
Tel.: 0 (049) 821 - 56 65 65 8, Fax: 0 (049) 821 - 50 81 41 9
eMail: bestellung@dominus-verlag.de
www. dominus-verlag.de
ISBN 978-3-940879-63-9

Dieses Messbuch gehört

____

Lesehinweis an die Eltern

Die heilige Messe ist für Kinder zunächst eine geheimnisvolle Welt – ein Buch mit sieben Siegeln. Es gibt viele Riten und Begriffe, viele Handlungen und Redeweisen, die nicht der Alltagswelt der Kinder entsprechen. Daher versuchen viele, die Messe kindgemäßer zu gestalten. Dabei besteht jedoch die Gefahr, dass wesentliche Inhalt verlorengehen und der Gottesdienst zu einem gewöhnlichen Geschehen profaniert wird. Wir versuchen, es mit diesem Buch anders zu machen: Nicht die Eucharistie soll kindgemäßer, sondern die Kinder sollen sozusagen eucharistischer werden. Behutsam werden den Kindern hier die Handlungen und Begriffe der heiligen Messe nahegebracht.

Zunächst wird es genügen, wenn das Kind vor dem Kommunionalter die Bilder anschaut und lernt, dass die heilige Messe einem festen Ablauf folgt. Das Kommunionkind kann dann schon die Überschriften lesen und die Antworten mitsprechen. Das Kind im Ministrantenalter wird dann Stück für Stück lernen, auch die Begriffe der heiligen Messe zu verstehen. So kann dieses Buch die Kinder viele Jahre lang begleiten und ihnen den Ritus der hl. Messe erschließen: die „Quelle und den Höhepunkt des ganzen christlichen Lebens“ (II. Vat., LG 11).

Dr. theol. Peter Christoph Düren

Inhaltsverzeichnis

Vorwort 9

Betreten der Kirche 15

Beginn der heiligen Messe: Eröffnung 23
1. Teil der heiligen Messe: Wortgottesdienst 55
2. Teil der heiligen Messe: Eucharistiefeier 89
Ende der heiligen Messe: Entlassung 231

Verlassen des Gotteshauses 255

Das Messbuch – ein Erahnen des größten Geheimnisses der Kirche

Vorwort von Weihbischof em. Dr. Andreas Laun

Die heilige Messe ist geheimnisvoll. Niemand kann sie einfach verstehen. Aber man kann hören und glauben, was sie eigentlich ist: Jesus, der nach seiner Auferstehung in den Himmel zurückgegangen ist, bleibt bei uns Menschen! Man sieht und hört ihn nicht, wie man andere Menschen sehen und hören kann, aber er ist auf geheimnisvolle Weise da, er wohnt bei uns, ist unser Gast und bringt sich selbst als Gastgeschenk mit. Weil sie das glaubt, nennt die

Kirche die heilige Messe das Größte, das sie zu geben hat, und feiert überall auf der Erde die heilige Messe. Wenn der Papst selbst in ein anderes Land fährt, fällt ihm nichts Besseres, nichts Wichtigeres, nichts Schöneres ein, als mit den Menschen die heilige Messe zu feiern, eben das Heiligste zu tun.

Menschen haben einen Leib, darum kann man sie auch berühren, umarmen, küssen. Jesus hat auch einen Leib. Aber jetzt, solange wir noch auf der Erde sind, hat Jesus einen Leib in Gestalt des Brotes, und Blut in Gestalt des Weines angenommen. Und so bleibt er ganz bei uns, weil er uns einlädt, dieses Brot zu essen und den Wein zu trinken. Und dann ist es eigentlich so, wie wenn wir normales Brot essen oder etwas trinken: Unser Leib nimmt das Brot und den Wein auf. Und bei der heiligen Kommunion, beim Essen von Brot und Wein, die Jesu Leib und Blut geworden sind, nehmen wir Jesus ganz innig in uns auf, er wird sozusagen „Wir"! Zuerst wird normales Brot in den Leib Jesu verwandelt und normaler Wein in sein Blut. Aber dann verwandelt er uns zu seinem Leib und Blut. Geheimnisvoll – und warum sollen wir das glauben? Weil Jesus selbst es gesagt hat. Und darum ist es wunderbar, vor diesem Brot, das Jesus ist, zu beten. Ihn so anzubeten.

Und jetzt lerne das Geheimnis verstehen, indem Du auf die Worte, die gesagt werden, lauschst, schaust, was der Priester tut, und dir erklären lässt, was es bedeutet! Es wird dir dabei so gehen wie beim Erlernen einer fremden Sprache: Du brauchst lange, aber Du lernst jeden Tag mehr! Bitte verlier nicht die Geduld!

Wie wichtig die heilige Messe der Kirche ist, sieht man daran, dass Menschen größte Opfer bringen, wenn es darum geht, die heilige Messe zu feiern oder sogar ihr Leben aufs Spiel setzen, damit sie die heilige Kommunion empfangen oder jemandem bringen können.

Zwei Beispiele: Bischof Francis Văn Thuận wurde von Feinden der Kirche ins Gefängnis gebracht und eingesperrt. Seinen Freunden gelang es, ihm eine kleine Flasche Wein zu bringen, und als Brot für die heilige Kommunion benützte er das Gefängnisbrot. Die Texte zur Messe wusste er auswendig, und so konnte er in der flachen Hand die Messe feiern. Das war sein größtes Glück und gab ihm Kraft, durchzuhalten. Er nannte die Messen in der Zelle die schönsten Messen seines Lebens, weil Jesus ganz nahe bei ihm war, wie er das in jeder Messe für jeden Menschen sein will, der ihn liebt.

Das andere Beispiel ist ein junger, ungarischer Priester mit dem Namen János. Mit der Behauptung, eine alte Frau, die im Sterben liege, wolle noch die heilige Kommunion empfangen, lockte man ihn aus dem Haus. Obwohl er wusste, wie gefährlich das sein konnte, holte er die heilige Kommunion aus der Kirche und machte sich auf den Weg. Seine Feinde, die Feinde der Kirche, lauerten ihm auf und töteten ihn. Beide – die Frau und ihr Priester – sind sicher schon im Himmel.

Übrigens, viele Katholiken gehen deswegen, weil sie Sehnsucht nach Jesus haben und weil die hl. Messe so kostbar ist, jeden Tag zur hl. Messe, nicht nur an Sonn- und Feiertagen.

Jesus wartet und ist da, auch für Dich!

Dein Weihbischof
+ Andreas

SonntagsZeitung

Betreten der Kirche

Wir betreten die Kirche.

Wenn wir zu einem feierlichen Anlass eingeladen sind, tragen wir besonders schöne Kleidung und versuchen, uns gut zu benehmen.
Die Kirche ist ein Gotteshaus, also ein ehrwürdiges Haus, in dem Gott wohnt. Deshalb verhalten wir uns entsprechend: Wir sind leise und tragen angemessene Kleidung (z.B. keine Strandkleidung).

Kreuzzeichen mit Weihwasser

Wir gehen zum Weihwasserbecken und bekreuzigen uns mit Weihwasser. Dazu tauchen wir unsere Fingerspitzen ins geweihte Wasser und berühren damit unsere Stirn, die Brust, die linke und dann die rechte Schulter. Auf diese Weise erinnern wir uns daran, dass wir mit dem Wasser der Taufe zu Kindern Gottes wurden. Und wir reinigen so unser Herz, damit wir vor Gott hintreten und ihm im Gottesdienst begegnen können.

Während wir beim Betreten der Kirche das Kreuzzeichen machen, sprechen wir leise:

(Gott segne mich!) Im Namen des Vaters und des Sohnes und des Heiligen Geistes. Amen.

Kniebeuge vor dem Tabernakel

Wir machen eine Kniebeuge in Richtung des Tabernakels. Der Tabernakel ist ein kleines Schränkchen und sieht wie ein (goldenes) Schatzkästchen aus. Darin ist Jesus Christus unter der Gestalt des Brotes gegenwärtig. Neben dem Tabernakel leuchtet das rote Ewige Licht.
Wenn Du eine schöne Kniebeuge machen möchtest, dann mache mit dem einen (z.B. linken) Bein einen normalen Schritt nach vorne. Danach beugst Du Dein anderes (dann z.B. rechtes) Bein bis ganz auf den Boden.

Während der Kniebeuge dürfen wir leise ein kleines Gebet sprechen, z.B.:

Gelobt sei Jesus Christus!

Persönliches stilles Gebet

Wir beten ein persönliches stilles Gebet in der Kirchenbank. Dazu dürfen wir uns hinknien und die Hände falten.

Du kannst Jesus ganz frei alles erzählen, was Dich gerade beschäftigt, z.B.

Jesus, ich freue mich so, dass Du mich kennst und immer lieb hast.

oder: **Lieber Jesus, hilf den Kranken, besonders ... !**

oder: **Jesus, ich bin traurig, weil ... !**

oder was immer Du Jesus gerade sagen möchtest.

Beginn der Heiligen Messe

ERöFFNUNG

Läuten des Sakristei-Glöckchens

Das Sakristei-Glöckchen ertönt – die Messe beginnt, und wir stehen auf. Jetzt wird üblicherweise nach einem Orgelvorspiel das Eröffnungslied gesungen.

EINZUG der liturgischen Dienste

Die liturgischen Dienste ziehen ein – das sind alle, die im Gottesdienst eine besondere Aufgabe haben, z.B. Ministranten, Lektor (Vorleser), eventuell ein Diakon und natürlich der Priester.
Beim Einzug können Weihrauch, Kreuz, Leuchter mit brennenden Kerzen und das Evangelienbuch mitgetragen werden.

Verneigung oder Kniebeuge der liturgischen Dienste

Alle, die einen liturgischen Dienst versehen, machen eine Kniebeuge vor dem Tabernakel; in ihm ist Jesus Christus gegenwärtig.

Altarkuss des Priesters

Der Priester küsst den Altar. Der Altar ist Zeichen für Jesus Christus.

Beweihräucherung von Altar und Kreuz

Wenn Weihrauch benutzt wird, dann beweihräuchert der Priester jetzt den Altar und das Kreuz.
Wie Weihrauch aufsteigt, so soll auch unser Gebet zu Gott aufsteigen.

(Weihrauch wird oft nur an hohen Feiertagen verwendet. Falls kein Weihrauch benutzt wird, blättere bitte einfach eine Seite weiter!)

Gemeinsames Kreuzzeichen

Der Priester und alle Gläubigen machen gemeinsam das große Kreuzzeichen – von der Stirn zur Brust und von der linken Schulter zur rechten Schulter

Priester (P):

Im Namen des Vaters und des Sohnes und des Heiligen Geistes.

Alle (A):

Amen.

Begrüßung der Gemeinde

Der Priester begrüßt die Gemeinde.

P: Der Herr sei mit Euch.

A: **Und mit Deinem Geiste.**

Einführung in die Feier

Der Priester gibt eine kurze Einführung in den Anlass der heutigen Messfeier, z.B. dass wir an Weihnachten die Geburt von Jesus feiern.

Bußakt

Nun folgt ein Bußakt oder das Sonntägliche Taufgedächtnis. Der Priester darf wählen, welche der vier verschiedenen Formen er benutzt. Auf dieser Seite findest Du den Bußakt der Form A.

P: Wir sprechen das Schuldbekenntnis

A: **Ich bekenne Gott, dem Allmächtigen, und allen Brüdern und Schwestern, dass ich Gutes unterlassen und Böses getan habe – ich habe gesündigt in Gedanken, Worten und Werken –**
durch meine Schuld (alle schlagen sich an die Brust),
durch meine Schuld (an die Brust schlagen),
durch meine große Schuld (an die Brust schlagen).

Darum bitte ich die selige Jungfrau Maria, alle Engel und Heiligen und Euch, Brüder und Schwestern, für mich zu beten bei Gott, unserem Herrn.

Es folgt die Vergebungsbitte:

P: Der allmächtige Gott erbarme sich unser. Er lasse uns die Sünden nach *(die Gläubige können jetzt ein großes Kreuzzeichen machen)* und führe uns zum ewigen Leben.

A: **Amen.**

Falls der Priester diese Form A benutzt hat, blättere bitte gleich weiter zum Kyrie auf S. 47!

Bei bestimmten, sehr festlichen Gottesdiensten kann das Schuldbekenntnis ganz entfallen. Blättere dann bitte gleich zum Kyrie auf S. 47!

Besprengung mit Weihwasser

Die Gläubigen werden beim Sonntäglichen Taufgedächtnis mit Weihwasser besprengt. Dazu nimmt der Priester den Weihwasserspender („Aspergill"), taucht ihn in den Weihwasserkessel und sprengt damit das Weihwasser über die Gläubigen.

Während der Besprengung singt die Gemeinde das „Asperges" (außerhalb der Osterzeit)

A: Besprenge mich, Herr, und ich werde rein.
Wasche mich, und ich werde weißer als Schnee.

bzw. das „Vidi aquam" (während der Osterzeit)

A: Ich sah ein Wasser ausgehen vom Tempel,
von dessen rechter Seite, Halleluja ...

KYRIE

Wir singen oder sprechen das Kyrie.

V: Kyrie, eleison oder V: Herr, erbarme Dich (unser).
A: **Kyrie, eleison** oder A: **Herr, erbarme Dich (unser).**

V: Christe, eleison oder V: Christus, erbarme Dich (unser).
A: **Christe, eleison** oder A: **Christus, erbarme Dich (unser).**

V: Kyrie, eleison oder V: Herr, erbarme Dich (unser).
A: **Kyrie, eleison** oder A: **Herr, erbarme Dich (unser).**

GLORIA

Wir singen oder sprechen das Gloria, das ist ein Loblied auf Gott.
Das Gloria entfällt in der Advents- und Fastenzeit und an Werktagen, an denen kein Fest oder Hochfest gefeiert wird.
In diesen Fällen blättere deshalb bitte gleich zum Tagesgebet weiter.

A: **Ehre sei Gott in der Höhe**
und Friede auf Erden
den Menschen seiner Gnade.
Wir loben Dich, wir preisen Dich, wir beten Dich an,
wir rühmen Dich und danken Dir,
denn groß ist Deine Herrlichkeit:

Herr und Gott, König des Himmels,
Gott und Vater, Herrscher über das All,
Herr, eingeborener Sohn, Jesus Christus.
Herr und Gott, Lamm Gottes, Sohn des Vaters,
Du nimmst hinweg die Sünde der Welt:
erbarme dich unser;
Du nimmst hinweg die Sünde der Welt:
nimm an unser Gebet;
Du sitzest zur Rechten des Vaters:
erbarme dich unser.

Denn Du allein bist der Heilige,
Du allein der Herr,
Du allein der Höchste:
Jesus Christus,
mit dem Heiligen Geist,
zur Ehre Gottes, des Vaters.
Amen.

TAGESGEBET

Der Priester betet das Tagesgebet.

P: Lasset uns beten …

(Jetzt folgt ein Gebet vom entsprechenden Tag.)

A: **Amen.**

Ist das Tagesgebet beendet, setzen sich alle.

1. Teil der Heiligen Messe:

WORTGOTTESDIENST

1. LESUNG

Der Lektor/ die Lektorin liest die erste Lesung vor.
Die Lesungen stehen im so genannten „Lektionar“. Das ist ein biblisches Lesebuch, in dem für jeden Tag und Anlass die entsprechenden Bibeltexte stehen.

Der Lektor geht zum Ambo (Lesepult) und trägt die Lesung vor. Er beendet die Lesung mit:

L: Wort des lebendigen Gottes.

A: **Dank sei Gott.**

Antwortpsalm (Zwischengesang)

Der Kantor trägt den Antwortpsalm vor. Die Psalmen sind ein Buch im Alten Testament, das Gebete zu Gott beinhaltet. Die Gemeinde singt dabei einen Kehrvers.
Der Antwortpsalm kann durch einen anderen Zwischengesang ersetzt werden. Der Organist begleitet den Gesang.

2. Lesung

An Sonntagen und Hochfesten folgt eine zweite Lesung.

Der Lektor beendet die Lesung mit:

L: Wort des lebendigen Gottes.

A: **Dank sei Gott.**

Ruf vor dem Evangelium

Es folgt der Ruf vor dem Evangelium. Wir stehen dazu auf.
Der feierliche „Halleluja"-Ruf bereitet uns auf das nachfolgende Evangelium vor. „Halleluja" ist ein hebräisches Wort und bedeutet: „Preiset Gott!" In der Fastenzeit wird anstelle des Halleluja ein anderer Ruf gesungen.
Wenn Weihrauch verwendet wird, legt der Priester währenddessen Weihrauch ein. Dazu nimmt er mit einem Löffelchen Weihrauch aus dem Schiffchen und legt es auf die glühende Kohle, die im Weihrauchfass liegt.

L: Halleluja. Halleluja.

A: **Halleluja. Halleluja.**

L: (Vers)

A: **Halleluja.**

Verneigung des Priesters vor dem Altar

Wenn kein Diakon anwesend ist, trägt der Priester das Evangelium vor.

P (leise): Heiliger Gott, reinige mein Herz und meine Lippen, damit ich Dein Evangelium würdig verkünde.

Wenn ein Diakon da ist, verkündet er das Evangelium. Der Diakon bittet den Priester zuvor um dessen Segen.

Der Priester verneigt sich vor dem Altar.

MESSLEKTIONAR

Evangeliumsprozession zum Ambo

Die Evangeliumsprozession zieht zum Ambo – das ist ein Stehpult, an dem vorgelesen wird. Ministranten (mit Kerzen und Weihrauch) begleiten ihn.

Segensgruß vor dem Evangelium

Der Priester (oder Diakon) grüßt die aufmerksam zuhörende Gemeinde.

P: Der Herr sei mit Euch.

A: **Und mit Deinem Geiste.**

Lob dir, Christus
So spricht der
Wenn einer mir
und wo ich bin
Lob dir, Christus
EVANGELIUM
Aus dem
In jener Zeit
traten
die beim
an

Bezeichnung des Evangeliums mit einem Kreuzzeichen

Der Priester zeichnet mit seinem Daumen ein Kreuzzeichen auf das Evangelium.

P: Aus dem heiligen Evangelium nach Matthäus (Markus, Lukas oder Johannes).

A: **Ehre sei Dir, o Herr.**

Gemeinsames kleines Kreuzzeichen

Der Priester (oder Diakon) und die Gläubigen bezeichnen sich mit dem kleinen Kreuzzeichen. Dazu zeichnet jeder mit seinem Daumen nacheinander ein kleines Kreuz auf Stirn, Mund und Brust: Wir wollen an Gott denken, von ihm sprechen und ihn im Herzen lieben.

Beweihräucherung des Evangeliums

Wenn Weihrauch verwendet wird, beweihräuchert der Priester jetzt das Evangelium. Falls kein Weihrauch verwendet wird, blättere bitte gleich zur nächsten Seite weiter!

Verkündigung des EVANGELIUMS

Der Priester oder Diakon verkündet das Evangelium, das heißt die „Frohe Botschaft". Es berichtet aus dem Leben Jesu.

Das Evangelium wird beendet mit den Worten:

P: Evangelium unseres Herrn Jesus Christus.

A: **Lob sei Dir, Christus.**

102
ANTWORTPSALM
ZWEITE LESUNG

Evangeliumskuss des Priesters

Der Priester küsst das Evangeliar.

P (leise): Herr, durch Dein Evangelium nimm hinweg unsere Sünden.

PREDIGT (HOMILIE)

Am Sonntag und an gebotenen Feiertagen hält der Priester (oder der Diakon) nun die Predigt, das heißt: Er erklärt uns die Worte der Heiligen Schrift, die wir gerade vorgelesen bekommen haben.

St. Barbara
St. Katharina

CREDO

Wir stehen auf und sprechen das Credo (Glaubensbekenntnis) – an allen Sonntagen, an Hochfesten und bei anderen festlichen Gottesdiensten.
„Credo" ist ein lateinisches Wort und heißt übersetzt: „Ich glaube".

(P: Wir sprechen das Apostolische Glaubensbekenntnis.)

A: **Ich glaube an Gott,**
den Vater, den Allmächtigen,
den Schöpfer des Himmels und der Erde,
und an Jesus Christus,
seinen eingeborenen Sohn, unseren Herrn,

(Zu den folgenden kursiv gedruckten Worten verbeugen sich alle – an Weihnachten und am Hochfest der Verkündigung des Herrn (25. März) kniet man nieder – wir denken dabei an das Glaubensgeheimnis, dass Gott Mensch wurde)

empfangen durch den Heiligen Geist,
geboren von der Jungfrau Maria,

gelitten unter Pontius Pilatus,
gekreuzigt, gestorben und begraben,
hinabgestiegen in das Reich des Todes,
am dritten Tage auferstanden von den Toten,
aufgefahren in den Himmel;
er sitzt zur Rechten Gottes,
des allmächtigen Vaters;
von dort wird er kommen,
zu richten die Lebenden und die Toten.

**Ich glaube an den Heiligen Geist,
die heilige katholische Kirche,
Gemeinschaft der Heiligen,
Vergebung der Sünden,
Auferstehung der Toten
und das ewige Leben. Amen.**

Das Glaubensbekenntnis kann ausnahmsweise durch ein Credo-Lied ersetzt werden.

Neben dem hier abgedruckten „kleinen" Glaubensbekenntnis, das wohl am häufigsten gebetet wird, gibt es noch das „große Glaubensbekenntnis"; es beginnt mit den Worten:
Wir glauben an den einen Gott, den Vater, den Allmächtigen ...

FÜRBITTEN (Allgemeines Gebet)

Die Fürbitten (auch „Das Allgemeine Gebet der Gläubigen“ genannt) werden vorgetragen. Dabei bitten wir in den Anliegen, die wir haben, Gott um Hilfe.

Wir antworten auf die einzelnen Fürbitten z.B. mit:

A: **Wir bitten Dich, erhöre uns!**

oder mit dem Wechselruf von Vorleser und Gemeinde:

V: Christus, höre uns!

A: **Christus, erhöre uns!**

Nach den Fürbitten setzen wir uns hin. Der Wortgottesdienst ist zu Ende. Es beginnt jetzt die Eucharistiefeier mit dem Gesang zur Gabenbereitung.

2. Teil der Heiligen Messe:

EUCHARISTIEFEIER

Kollekte / Lied zur Gabenbereitung

„Eucharistie“ heißt auf deutsch „Danksagung“. MIt dem Begriff „Eucharistiefeier“ bezeichnen wir allgemein die gesamte heilige Messe oder speziell den zweiten Teil der Messe von der Gabenbereitung über das Hochgebet und die Wandlung bis zur Kommunion.

Bei der Kollekte wird mit einem Klingelbeutel oder Spendenkörbchen Geld für die verschiedenen Anliegen der Kirche eingesammelt. Normalerweise wird jetzt das Lied zur Gabenbereitung gesungen.

GABENBEREITUNG
Herbeibringen des Kelches

Ein Ministrant bringt den Kelch zum Altar. Der Priester nimmt den Kelch in Empfang. Mancherorts steht der Kelch bereits auf dem Altar. In manchen Pfarreien wird auch zuerst die Hostienschale gebracht. Manchmal ist der Kelch von einem farbigen Tuch bedeckt, dem sogenannten „Kelch-Velum".

Vorbereitung des Kelches auf dem Altar

Der Priester richtet den Kelch auf dem Altar zurecht. Falls ein Kelchvelum über dem Kelch liegt, nimmt es der Priester vom Kelch und legt es sorgfältig gefaltet auf die Seite des Altares. Dann nimmt er die Palla und die Tücher vom Kelch. Die Palla ist ein viereckiger, mit Stoff überzogener Karton – sie dient zum Schutz des Kelchinhaltes. Dann breitet der Priester das große Tuch, das so genannte „Korporale“ aus und stellt den Kelch auf das Korporale. Der Begriff „Korporale“ kommt von „Corpus“, „Leib“; man nennt es so, weil später der Leib des Herrn (die verwandelte Hostie) auf ihm liegen wird. Danach legt der Priester das kleinere Tüchlein, das so genannte „Kelchtüchlein“, neben das Korporale.

Darum bitten wir durch Christus, unseren Herrn.
14. SONNTAG IM JAHRESKREIS
Deiner Huld, o Gott, gedenken wir in deinem heiligen Tempel.
Wie dein Name, Gott, so reicht dein Ruhm bis an die Enden der Erde;
deine rechte Hand ist voll von Gerechtigkeit.
Barmherziger Gott,
durch die Erniedrigung deines Sohnes
hast du die gefallene Menschheit
wieder aufgerichtet
und aus der Knechtschaft der Sünde befreit.
Erfülle uns mit Freude über die Erlösung
und führe uns zur ewigen Seligkeit.
Darum bitten wir durch Jesus Christus.
Darum bitten wir durch Christus, unseren Herrn.

Herbeibringen des Messbuches

Ein Ministrant bringt dem Priester das Messbuch, falls es nicht schon auf dem Altar liegt. Der Priester legt oder stellt es sich neben dem Korporale auf dem Altar zurecht.

Im Messbuch stehen (bis auf die Schriftlesungen) alle Texte, die während des Gottesdienstes gesprochen werden. Das Messbuch des Priesters ist also ähnlich wie dieses Buch, das Du vor Dir liegen hast.

Herbeibringen der Hostienschale

Ein Ministrant bringt die Hostienschale mit den Hostien.

OPFERUNG DES BROTES

Der Priester opfert Gott das Brot auf. Dazu hebt er die Hostienschale über dem Altar empor und spricht (still) ein Gebet über das Brot.

P (leise): Gepriesen bist Du, Herr, unser Gott, Schöpfer der Welt. Du schenkst uns das Brot, die Frucht der Erde und der menschlichen Arbeit. Wir bringen dieses Brot vor Dein Angesicht, damit es uns das Brot des Lebens werde. (A: **Gepriesen bist Du in Ewigkeit, Herr, unser Gott.**)

Herbeibringen der Kännchen mit Wein und Wasser

Ministranten bringen kleine Kännchen mit Wein und Wasser.

Mischung von Wein und Wasser

Der Priester gießt Wein und einen kleinen Tropfen Wasser in den Kelch. Wie der Tropfen Wasser sich mit dem Wein vereinigt, so sollen wir uns durch die hl. Messe mit Christus vereinigen.

P (leise): Wie das Wasser sich mit dem Wein verbindet zum heiligen Zeichen, so lasse uns dieser Kelch teilhaben an der Gottheit Christi, der unsere Menschennatur angenommen hat.

OPFERUNG DES WEINES

Der Priester opfert Gott den Wein auf. Dazu hebt er den Kelch empor und spricht (still) ein Gebet über den mit Wasser gemischten Wein.

P (leise): Gepriesen bist Du, Herr, unser Gott, Schöpfer der Welt. Du schenkst uns den Wein, die Frucht des Weinstocks und der menschlichen Arbeit. Wir bringen diesen Kelch vor Dein Angesicht, damit er uns der Kelch des Heiles werde.
(A: **Gepriesen bist Du in Ewigkeit, Herr, unser Gott.**)

Priesterliche Bitte um Annahme des Opfers

Der Priester betet dann leise ein Gebet, in dem er Gott bittet, dass Gott das Opfer als unser Geschenk an ihn annehmen möge.

P (leise): Herr, wir kommen zu Dir mit reumütigem Herzen und mit demütigen Sinn. Nimm uns an und gib, dass unser Opfer Dir gefalle.

Einlegen des Weihrauchs

Falls Weihrauch verwendet wird, treten jetzt die Weihrauchträger zum Altar. Der Priester legt dort Weihrauch ein.

Falls kein Weihrauch verwendet wird, blättere bitte gleich auf S. 119 weiter!

Beweihräucherung der Gaben Brot und Wein, des Altares und des Kreuzes

Falls Weihrauch verwendet wird, beweihräuchert nun der Priester die Gaben von Brot und Wein, den Altar und das Kreuz. Dadurch soll deutlich werden, dass das Brot und der Wein nun dem normalen Gebrauch entzogen und Gott geopfert werden. Sie sind nun keine normalen Lebensmittel mehr, sondern werden Gott dargebracht, so wie der Weihrauch in die Höhe zu Gott steigt und unsere Anbetung Gottes zum Ausdruck bringt.

Beweihräucherung des Priesters

Falls Weihrauch verwendet wird, beweihräuchert nun der Weihrauchträger-Ministrant den Priester. Der Priester soll sich nun ganz der Gegenwart Gottes öffnen und ihm dienen.

Beweihräucherung des Volkes

Auch die Gläubigen haben teil am Priestertum Christi und wirken an der eucharistischen Darbringung mit. Falls Weihrauch verwendet wird, beweihräuchert daher nun der Weihrauchträger-Ministrant die Gläubigen. Vor und nach der Beweihräucherung verbeugen wir uns.

Bringen der Lavabo-Garnitur

„Lavabo" ist ein lateinisches Wort; es bedeutet: „Ich werde waschen". Ministranten bringen die so genannte „Lavabo-Garnitur" für die Händewaschung.

Die Lavabo-Garnitur besteht aus einem Kännchen mit Wasser, einer Schüssel zum Auffangen des Wassers und dem Lavabotüchlein zum Abtrocknen der Hände. Die Lavabo-Garnitur steht zunächst auf dem so genannten „Kredenztisch" – das ist ein kleines Tischchen im Altarraum, auf dem verschiedene Dinge stehen, die die Ministranten im Laufe der Messfeier dem Priester bringen.

HÄNDEWASCHUNG

Der Priester wäscht sich vor der Darbringung des heiligen Messopfers die Hände; damit will er zeigen, dass man vor Gott ganz rein sein muss, um ihm zu begegnen.
Die Ministranten übergießen die Finger(spitzen) des Priesters mit Wasser. Während dessen betet der Priester leise.

P (leise): Herr, wasche ab meine Schuld,
von meinen Sünden mach mich rein.

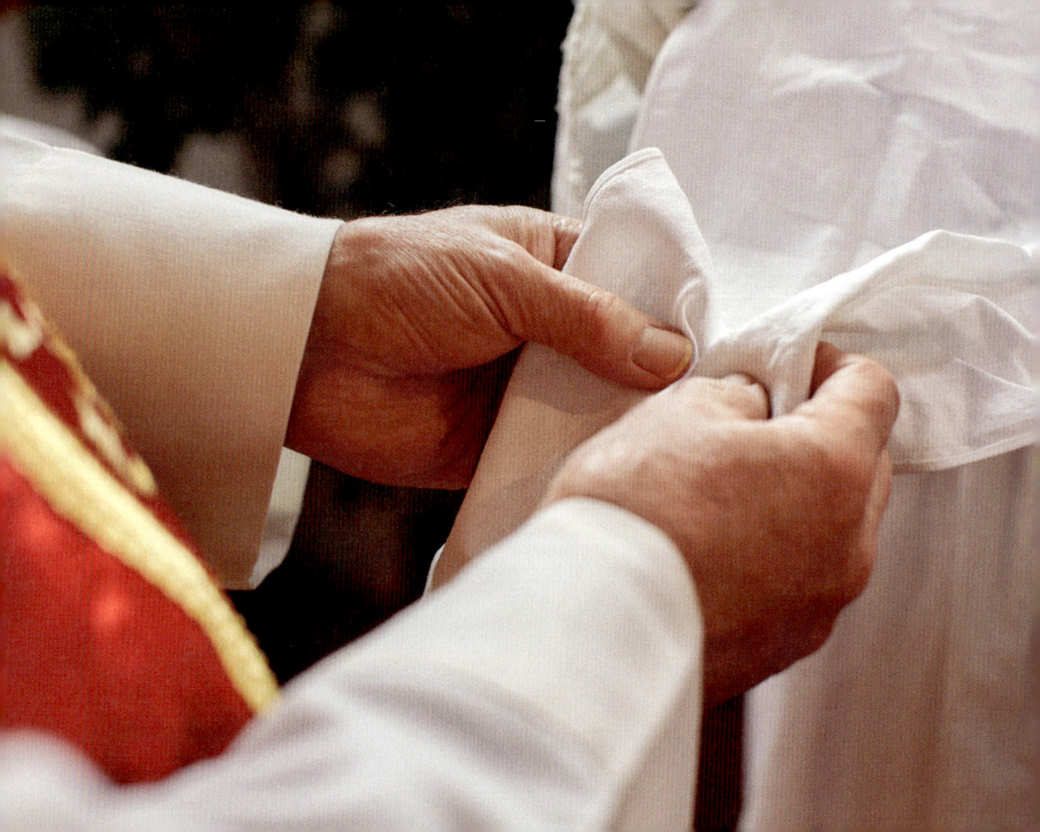

Verwendung des Lavabotuches

Der Priester trocknet sich am Lavabo-Tuch die Hände ab. Danach bringen die Ministranten die Lavabo-Garnitur wieder zum „Kredenztisch" zurück.

Einladung zum Gabengebet

Manchmal wählt der Priester eine besonders schöne Form:

P: Betet, Brüder und Schwestern,
dass mein und Euer Opfer
Gott, dem allmächtigen Vater, gefalle.

A: **Der Herr nehme das Opfer an**
aus Deinen Händen,
zum Lob und Ruhm seines Namens,
zum Segen für uns
und seine ganze heilige Kirche.

Herr, unser Gott,
schenke uns Verzeihung
durch das Leiden deines Sohnes.
Wir haben sie zwar durch unsere Taten
nicht verdient,
aber wir vertrauen auf dein Erbarmen.
Darum versöhne uns mit dir
durch das einzigartige Opfer
unseres Herrn Jesus Christus,
der mit dir lebt und herrscht in alle Ewigkeit.
Der Herr sei mit euch.
Und mit dei - nem Gei - ste.
Er - he - bet die Her - zen.
Wir ha - ben sie beim Herrn.
Lasset uns dan - ken dem Herrn, unserm Gott.
Das ist wür - dig und recht.

GABENGEBET

Der Priester breitet die Hände aus und trägt das Gabengebet vor. Es endet mit den Worten:

P: … Darum bitten wir durch Christus, unseren Herrn.

Die Gemeinde beschließt das Gebet mit dem Ruf:

A: **Amen.**

Das Gabengebet schließt die Gabenbereitung ab. Nun geht es weiter mit dem Hochgebet.

EUCHARISTISCHES HOCHGEBET

Der Priester beginnt das Hochgebet mit einem Dialog mit den Gläubigen. Dazu stehen wir auf. Wir stimmen uns auf den wichtigsten Moment der heiligen Messe ein, der jetzt kommt: die Wandlung von Brot und Wein in den Leib und das Blut Christi. Jetzt ist der Herr Jesus Christus uns ganz nah, und wir sind im Herzen bei ihm.

P: Der Herr sei mit Euch.

A: **Und mit Deinem Geiste.**

P: Erhebet die Herzen.

A: **Wir haben sie beim Herrn.**

P: Lasset uns danken, dem Herrn, unserem Gott.

A: **Das ist würdig und recht.**

PRÄFATION

Der Priester spricht die Präfation (wörtlich eine „Vorrede“ vor dem Hochgebet) – einen großen Lobpreis der Herrlichkeit Gottes.

Je nach Festanlass gibt es unterschiedliche Präfationen. Hier sei eine beispielhaft ausgewählt (Präf. So II):

P: In Wahrheit ist es würdig und recht, Dir, allmächtiger Vater, zu danken und das Werk Deiner Gnade zu rühmen durch unseren Herrn Jesus Christus.

Denn aus Erbarmen mit uns sündigen Menschen ist er Mensch geworden aus Maria, der Jungfrau. Durch sein Leiden am Kreuz hat er uns vom ewigen Tod befreit und durch seine Auferstehung uns das unvergängliche Leben erworben.
Darum preisen dich deine Erlösten und singen mit den Chören der Engel das Lob deiner Herrlichkeit.

Es gibt mehrere Hochgebete – alle haben die gleichen Elemente, aber teilweise eine unterschiedliche Reihenfolge.
In diesem Messbuch sind wegen der Fülle der Texte nicht alle Hochgebete abgedruckt – es wird beispielhaft nur das Zweite Hochgebet abgedruckt, das in Deutschland relativ häufig verwendet wird.

SANCTUS

Wir singen oder sprechen nun gemeinsam das „Sanctus" („Heilig").
Gott ist unendlich heilig, gut und gerecht. Wir beten ihn an.

A: **Heilig, heilig, heilig,**
Gott, Herr aller Mächte und Gewalten.
Erfüllt sind Himmel und Erde
von Deiner Herrlichkeit.
Hosanna in der Höhe.
Hochgelobt sei,
der da kommt im Namen des Herrn.
Hosanna in der Höhe.

Nach dem Sanctus knien wir uns hin.

peccata

WANDLUNGSEPIKLESE

Der Priester spricht die „Wandlungsepiklese" im Hochgebet. Damit ruft er den Heiligen Geist auf die Gaben Brot und Wein herab.

P: Ja, Du bist heilig, großer Gott, Du bist der Quell aller Heiligkeit. Darum bitten wir Dich:

Dann streckt er die Hände über die Gaben aus und spricht:

P: Sende Deinen Geist über diese Gaben herab und heilige sie,

Er faltet die Hände, macht ein Kreuzzeichen über die Gaben Brot und Wein und spricht:

P: damit sie uns werden Leib und Blut Deines Sohnes, unseres Herrn Jesus Christus.

Beginn des EINSETZUNGSBERICHTES

Der Priester beginnt den „Einsetzungsbericht“ des Hochgebets, das ist jene Stelle in der Bibel, in der von der Einsetzung des Letzten Abendmahls berichtet wird.

Der Priester faltet die Hände.

P: Denn am Abend, an dem er ausgeliefert wurde und sich aus freiem Willen dem Leiden unterwarf,

Der Priester nimmt das Brot, erhebt es ein wenig über den Altar und spricht weiter:

P: nahm er das Brot und sagte Dank, brach es, reichte es seinen Jüngern und sprach:

A Ω

WANDLUNGSWORTE über das BROT

Der Priester spricht die Wandlungsworte über das Brot. Dabei wird das Brot auf geheimnisvolle, unsichtbare Weise in den Leib Christi verwandelt.

Die heiligen Wandlungsworte:

P: NEHMET UND ESSET ALLE DAVON:
DAS IST MEIN LEIB,
DER FÜR EUCH HINGEGEBEN WIRD.

Jetzt beten wir Jesus Christus an, der mit Gottheit und Menschheit unter der Gestalt des Brotes unsichtbar gegenwärtig ist.

A Ω

Elevation des Leibes Christi
(Läuten der Glocken/Beweihräucherung)

Der Priester hebt das gewandelte Brot in die Höhe; das nennt man „Elevation" (übersetzt: „Emporheben") – und zeigt den Gläubigen den Leib Christi. Dabei läuten die Ministranten mit den Altarglocken (und beweihräuchern zum Zeichen der Anbetung das „Allerheiligste", also den Leib des Herrn).

Wir dürfen nun still Gott anbeten und uns bekreuzigen, z.B. mit den Worten:

Mein Herr und mein Gott!

oder: Gelobt sei Jesus Christus!

Kniebeuge des Priesters vor dem Leib Christi

Der Priester macht eine Kniebeuge vor Jesus Christus, unserem Herrn, der in der Gestalt des gewandelten, also „eucharistischen" Brotes auf dem Altar liegt. Das macht er als Zeichen der Anbetung und um zu bezeugen, dass Jesus jetzt wirklich und leibhaftig da ist. Es ist nun kein Brot mehr auf dem Altar, sondern Jesus Christus in der Gestalt des Brotes. Es riecht wie Brot, sieht aus wie Brot, schmeckt wie Brot, aber unter der äußeren Gestalt des Brotes ist Jesus Christus mit seiner göttlichen und menschlichen Natur gegenwärtig.

Fortsetzung des Einsetzungsberichtes

Der Priester fährt mit dem Einsetzungsbericht des Hochgebets fort.

P: Ebenso nahm er nach dem Mahl den Kelch,
Der Priester nimmt den Kelch, erhebt ihn ein wenig über dem Altar und fährt fort:
P: dankte wiederum, reichte ihn seinen Jüngern und sprach:

WANDLUNGSWORTE über den WEIN

Der Priester spricht die heiligen Wandlungsworte über den Wein. Durch die heiligen Wandlungsworte wird der Wein in das Blut Christi verwandelt.

P: NEHMET UND TRINKET ALLE DARAUS:
DAS IST DER KELCH
DES NEUEN UND EWIGEN BUNDES,
MEIN BLUT,
DAS FÜR EUCH UND FÜR VIELE VERGOSSEN WIRD
ZUR VERGEBUNG DER SÜNDEN.
TUT DIES ZU MEINEM GEDÄCHTNIS.

Elevation des Blutes Christi
(Läuten der Glocken/Beweihräucherung)

Der Priester hebt den gewandelten Wein in die Höhe; das nennt man „Elevation“ (übersetzt: „Emporheben“) – und zeigt den Kelch mit dem Blut Christi den Gläubigen. Dabei läuten die Ministranten mit den Altarglocken (und beweihräuchern das Allerheiligste).

Wir dürfen nun still Gott anbeten und uns bekreuzigen, z.B. mit den Worten:

Mein Herr und mein Gott!

oder: Gelobt sei Jesus Christus!

Kniebeuge des Priesters vor dem Blut Christi

Der Priester macht eine Kniebeuge vor dem Herrn Jesus Christus, der jetzt unter der Gestalt des gewandelten, „eucharistischen“ Weines im Kelch auf dem Altar steht. Es ist nun kein Wein mehr im Kelch, sondern das Blut Christi. Wie unter der äußeren Gestalt des eucharistischen Brotes, so ist auch unter der äußeren Gestalt des kostbaren Blutes Jesus Christus in seiner ganzen Person als Gott und Mensch gegenwärtig.

AKKLAMATION / Geheimnis des Glaubens

„Akklamation" bedeutet „Zuruf". Nach der Wandlung rufen wir nun Jesus Christus direkt zu, dass wir an seine Gegenwart glauben, und bekennen das Geheimnis unseres Glaubens.

P: Geheimnis des Glaubens.
A: **Deinen Tod, o Herr, verkünden wir,**
und Deine Auferstehung preisen wir,
bis Du kommst in Herrlichkeit.

ANAMNESE

„Anàmnese“ beutet „Erinnerung“. Der Priester spricht die Anamnese – die Erinnerung an die Heilstaten Gottes.

P: Darum, gütiger Vater, feiern wir das Gedächtnis des Todes und der Auferstehung Deines Sohnes und bringen Dir so das Brot des Lebens und den Kelch des Heiles dar. Wir danken Dir, dass Du uns berufen hast, vor Dir zu stehen und Dir zu dienen.

KOMMUNIONEPIKLESE

„Kommunion“ ist ein lateinisches Wort; es bedeutet „Gemeinschaft“. „Epiklese“ ist ein griechisches Wort; es bedeutet: „Herbeirufen“. Der Priester spricht die Kommunionepiklese. Damit ruft er den Heiligen Geist auf die Gläubigen herab, damit wir mit Gott und untereinander Gemeinschaft haben.

P: Wir bitten dich: Schenke uns Anteil an Christi Leib und Blut und lass uns eins werden durch den Heiligen Geist.

INTERZESSIONEN

„Interzessionen" sind „Bitten". Der Priester spricht die Interzessionen des Hochgebets. Damit bittet er für die Gemeinschaft der ganzen Kirche – für die Lebenden und für die Verstorbenen.

Wenn im Text „N." steht, dann bedeutet das, dass der Priester an dieser Stelle den betreffenden Namen einsetzt.

P: Gedenke Deiner Kirche auf der ganzen Erde und vollende Dein Volk in der Liebe, vereint mit unserem Papst N., unserem Bischof N., und allen Bischöfen, unseren Priestern und Diakonen und mit allen, die zum Dienst in der Kirche bestellt sind.

Gedenke (aller) unserer Brüder und Schwestern, die entschlafen sind in der Hoffnung, dass sie auferstehen. Nimm sie und alle, die in Deiner Gnade aus dieser Welt geschieden sind, in Dein Reich auf, wo sie Dich schauen von Angesicht zu Angesicht.

Vater, erbarme Dich über uns alle, damit uns das ewige Leben zuteil wird in der Gemeinschaft mit der seligen Jungfrau und Gottesmutter Maria, mit dem heiligen Josef, ihrem Bräutigam, mit Deinen Aposteln und mit allen, die bei Dir Gnade gefunden haben von Anbeginn der Welt, dass wir Dich loben und preisen durch Deinen Sohn Jesus Christus.

SCHLUSS-DOXOLOGIE und AKKLAMATION

*„Doxologie" bedeutet „Lobpreis"; „Akklamation" bedeutet „Zuruf".
Der Priester spricht die Schlussdoxologie: den abschließenden Lobpreis des Hochgebets.
Mit unserem Zuruf „Amen" (=„Ja, so ist es") wird das Hochgebet abgeschlossen.*

P: Durch ihn und mit ihm und in ihm ist Dir, Gott, allmächtiger Vater, in der Einheit des Heiligen Geistes, alle Herrlichkeit und Ehre, jetzt und in Ewigkeit.

A (laut): **Amen.**

VATER UNSER (Herrengebet)

Nachdem der Priester eine kurze Einleitung gesprochen hat, sprechen wir das Vater Unser (das auch „Herrengebet“ genannt wird, weil Jesus, unser Herr, es uns gelehrt hat).

A: **Vater unser im Himmel, geheiligt werde Dein Name.**
Dein Reich komme.
Dein Wille geschehe, wie im Himmel, so auf Erden.
Unser tägliches Brot gib uns heute.
Und vergib uns unsere Schuld,
wie auch wir vergeben unsern Schuldigern.
Und führe uns nicht in Versuchung,
sondern erlöse uns von dem Bösen.

Embolismus

Der Priester spricht den so genannten „Embolismus", wörtlich „Einwurf". Das ist ein kurzes Gebet, das zwischen das Vaterunser und den anschließenden Lobpreis „eingeworfen" wird.

P: Erlöse uns, Herr, von allem Bösen und gib Frieden in unseren Tagen. Komm uns zu Hilfe mit Deinem Erbarmen und bewahre uns vor Verwirrung und Sünde, damit wir voll Zuversicht das Kommen unseres Erlösers Jesus Christus erwarten.

Vater-Unser-Doxologie

„Doxologie" bedeutet „Lobpreis". Wir sprechen die Vater-Unser-Doxologie, das ist der Lobpreis, mit dem das Vaterunser abgeschlossen wird.

A: **Denn Dein ist das Reich und die Kraft und die Herrlichkeit in Ewigkeit. Amen.**

FRIEDENSGRUSS

Nachdem der Priester eine kleine Einleitung gesprochen hat, sprechen Priester und Gläubige sich gegenseitig den Frieden zu. In den deutschsprachigen Gebieten reicht man sich gegebenenfalls die Hand.

P: Der Friede des Herrn sei allezeit mit Euch.

A: **Und mit Deinem Geiste.**

(P: Gebt einander ein Zeichen des Friedens und der Versöhnung.)

Die Gläubigen können sich eventuell gegenseitig den Frieden wünschen mit den Worten:

A: **Der Friede sei mit Dir.**

Brechen des eucharistischen Brotes (AGNUS DEI)

Jesus ist das „Agnus Dei“ (lateinisch für „Lamm Gottes“), das für unsere Sünden geopfert wurde. Als Zeichen für den Opfertod des Lammes bricht der Priester das verwandelte Brot. Dabei singen oder beten wir:

V/A: **Lamm Gottes, Du nimmst hinweg die Sünde der Welt: erbarme Dich unser.**
V/A: **Lamm Gottes, Du nimmst hinweg die Sünde der Welt: erbarme Dich unser.**
V/A: **Lamm Gottes, Du nimmst hinweg die Sünde der Welt: gib uns Deinen Frieden.**

Einsenkung

Während wir noch das Agnus Dei („Lamm Gottes“) singen, macht der Priester mit einem kleinen Hostienteilchen ein Kreuz über den Kelch und lässt das Hostienteilchen dann in den Kelch einsenken. So werden Leib und Blut Christi wieder miteinander verbunden – Zeichen für die Auferstehung Christi. Auch wir sollen nach unserem Tod einmal auferstehen und ewig bei Gott leben.

P (leise): Das Sakrament des Leibes und Blutes Christi schenke uns das ewige Leben.

Stilles Gebet des Priesters

Der Priester betet ein stilles Gebet, bevor er selbst die heilige Kommunion empfängt. Wir dürfen es still mitbeten, zur Vorbereitung auf unseren Kommunionempfang.

P (leise): Herr Jesus Christus, Sohn des lebendigen Gottes, dem Willen des Vaters gehorsam, hast du im Heiligen Geist durch deinen Tod der Welt das Leben geschenkt. Erlöse mich durch deinen Leib und dein Blut von allen Sünden und allem Bösen. Hilf mir, dass ich deine Gebote treu erfülle und lass nicht zu, dass ich jemals von dir getrennt werde.

Kniebeuge des Priesters

Der Priester macht eine Kniebeuge vor den sogenannten „eucharistischen Gestalten“, also vor dem verwandelten Brot und dem verwandelten Wein, dem Leib und Blut Christi.
Die Kniebeuge ist Zeichen und Ausdruck der Anbetung Gottes. Jesus Christus ist mit Gottheit und Menschheit, Leib und Seele, Fleisch und Blut unter den äußeren Zeichen von Brot und Wein gegenwärtig: Kommt, lasset uns anbeten!
Wenn der Priester die Kniebeuge macht, knien wir uns hin.

EINLADUNG ZUR HEILIGEN KOMMUNION

Der Priester hebt ein Stück der gebrochenen Hostie über der Hostienschale in die Höhe und lädt uns zur heiligen Kommunion ein. Wir bekennen, dass wir zwar eigentlich nicht würdig sind, Jesus Christus zu empfangen, dass wir uns aber freuen, dass er trotzdem zu uns kommt und unsere Seele heil und heilig macht.

P: Seht das Lamm Gottes, das hinwegnimmt die Sünde der Welt.
A: **Herr, ich bin nicht würdig, dass Du eingehst unter mein Dach, aber sprich nur ein Wort, so wird meine Seele gesund.**

Chri - stus.
der ge - lit - ten.
gerechtem
und singen mit den
Lob dei - ner Herr - lich - keit:
26.
Kommunionvers
Mein Vater,
27.

KOMMUNIONVERS

Der Priester spricht den Kommunionvers.

z.B.

P: Selig, die zum Hochzeitsmahl des Lammes geladen sind (Offb 19,9).

oder:

P: Kostet und seht, wie gut der Herr ist (Ps 34,9).

oder:

P: Wer von diesem Brot isst, wird in Ewigkeit leben (Joh 6,58).

Normalerweise beginnt nun der Gesang zur heiligen Kommunion.

Empfang des Leibes Christi durch den Priester

Der Priester empfängt den Leib Christi.

P (leise): Der Leib Christi schenke mir ewiges Leben.

Empfang des Blutes Christi durch den Priester

Der Priester trinkt aus dem Kelch und empfängt das Blut Christi.

P (leise): Das Blut Christi schenke mir ewiges Leben.

Stilles persönliches Gebet vor der heiligen Kommunion

Vor dem Kommunionempfang beten wir Gläubigen zur Vorbereitung ein persönliches stilles Gebet.

Du kannst vor dem Empfang der heiligen Kommunion z.B. dieses Gebet beten:

Jesus, Jesus, komm zu mir,
o wie sehn ich mich nach Dir!
Meiner Seele bester Freund,
wann werd ich mit Dir vereint?

Tausendmal begehr ich Dein.
Leben ohne Dich ist Pein.
Tausendmal seufz ich zu Dir:
O Herr Jesus, komm zu mir!

Keine Freud ist in der Welt,
die mein Herz zufrieden stellt.
Deine Liebe, Herr, allein
kann in Wahrheit mich erfreun.

Darum sehn ich mich nah Dir,
eile Jesus, komm zu mir!

Nimm mein ganzes Herz für Dich
und bewahr es ewiglich.

Ach, o Herr, ich bin nicht rein,
dass Du kehrest bei mir ein;
nur ein Wort aus Deinem Mund,
und die Seele ist gesund.

Komm, o Jesus, komm geschwind,
mache mich zu Gottes Kind!
Meine Seel' bewahre Dir,
ewig, ewig bleib bei mir! Amen.

KOMMUNIONEMPFANG
Empfang des Leib Christi

Wir können nun das verwandelte Brot, den Leib Christi, empfangen. Oder wir erhalten die heilige Kommunion in beiderlei Gestalten als Brot und Wein (was relativ selten ist).

P: Der Leib Christi.

A: **Amen.**

… oder geistige Kommunion

Manche Gläubige können oder dürfen den Leib Christi (noch) nicht „sakramental" empfangen, also als heilige Kommunion durch den Priester erhalten. Alle sind aber eingeladen, wenigstens auf geistige Art und Weise – in Gedanken – den Leib Christi zu empfangen.

Auf geistige Weise kannst Du die heilige Kommunion z.B. mit folgendem (still gebeteten) Gebet empfangen:

Jesus, ich glaube, dass Du jetzt auf dem Altar unter den Gestalten von Brot und Wein wirklich und wahrhaftig da bist. Jetzt kann ich Dich leider (noch) nicht in der heiligen Kommunion empfangen. Doch ich liebe Dich über alles und ich sehne mich nach Dir.

Deswegen bitte ich Dich: Komm doch bitte auf unsichtbare, geistige Weise in mein Herz – dann ist es für mich und Dich so, als würdest Du jetzt tatsächlich zu mir kommen. Jesus, ich glaube, dass Du jetzt da bist. Danke! Amen.

Bis Du den Herrn leibhaftig in der heiligen Kommunion empfangen darfst, kannst Du auf diese Weise geistig kommunizieren.

Durch die geistige Kommunion bist Du mit Jesus Christus innig verbunden. Auch außerhalb der Messe kannst Du Dich auf diese Art und Weise immer wieder neu mit Gott vereinigen.

Stilles persönliches Gebet nach der heiligen Kommunion

Wir sprechen ein persönliches stilles Gebet nach der heiligen Kommunion.

Nach der heiligen Kommunion kannst Du z.B. beten:

O mein Heiland, großer König,
Du bist bei mir eingekehrt.
Freudig trag ich Dich im Herzen,
dem die ganze Welt gehört.

Sieh, nun sollst Du alles haben,
was in meinem Herzen ist;
alles leg' ich Dir zu Füßen,
weil Du ja mein König bist.

Lieber Herr, Du kamst vom Himmel
auf die Erde einst herab,
lebtest für uns Menschenkinder,
starbst am Kreuz und lagst im Grab.

Glorreich bist Du auferstanden,
fuhrst empor zum Firmament,
doch als Denkmal Deiner Liebe,
gabst Du uns dies Sakrament.

Schenk mir, Jesus, Deine Gnade,
hilf mir durch Dein Leib und Blut,
dass ich Deiner würdig werde,
lebe heilig, fromm und gut.

Lehr mich glauben, lehr mich lieben,
lehr mich kämpfen für Dein Reich,
dass mein junges Menschenleben
Deinem Leben werde gleich.

Christus König aller Länder,
aller Völker, aller Zeit,
froh soll alle Welt Dir singen:
Hochgelobt in Ewigkeit! Amen.

Ein weiteres Gebet:

Willkommen seist du, heiliger Leib
von Gott zu uns gesandt in diese arme Zeit. –
Stärke im Glauben das Innere meines Herzens,
sei ein Helm des Heils
und ein Zeichen auf meiner Stirn:
dass das Wort in meinem Mund wahr sei
und guter Wille in meinem Herzen;
dass mich Keuschheit umgürte und Treue,
und dass Festigkeit sei in meinen Werken. –
Lass mich beharrlich Gutes tun bis ans Ende
und führe mich einst in Freuden in deinen ewigen Frieden.

Weiteres Gebet:

Seele Christi, heilige mich,
Leib Christi, rette mich,
Blut Christi, tränke mich,
Wasser der Seite Christi, reinige mich,
Leiden Christi, stärke mich,
O guter Jesus, erhöre mich.
Birg in deinen Wunden mich,
von dir lass nimmer scheiden mich,
vor dem bösen Feind beschütze mich.
In meiner Todesstunde rufe mich,
zu dir kommen heiße mich,
mit deinen Heiligen zu loben dich
in deinem Reiche ewiglich. Amen.

Aufbewahrung verwandelter Hostien im Tabernakel

Die verwandelten Hostien, die nach der Kommunionausteilung übrig sind, legt der Priester in das so genannte „Ziborium" (=„Speisekelch"), das ist ein Kelch mit einem goldenen Deckel, oder in eine Hostienschale. Dann stellt der Priester das Ziborium oder die Hostienschale in den Tabernakel. „Tabernakel" bedeutet „Zelt"; das ist das kleine kostbare Schränkchen, in dem die verwandelten Hostien aufbewahrt werden. Auf diese Weise ist Jesus Christus auch nach der heiligen Messe im Tabernakel bleibend gegenwärtig.

Auflesen von sichtbaren Hostienteilchen

In jedem kleinen Hostienteilchen ist Jesus Christus mit Gottheit und Menschheit gegenwärtig. Daher wird sorgsam darauf geachtet, dass kein Hostienteilchen zu Boden fällt.
Der Priester sammelt nach der Kommunionausteilung die sichtbaren übriggebliebenen Hostienteilchen auf und gibt sie in den Kelch.

Bringen von Wasser (und evtl. Wein)

Ein Ministrant bringt dem Priester Wasser (und evtl. auch Wein, falls noch welcher im Wein-Kännchen übrig blieb).

Gießen von Wasser (und Wein) in den Kelch

Es wird Wasser (und gegebenenfalls auch Wein) in den Kelch und über die Finger des Priesters gegossen, damit alle kleinen Hostienteilchen sorgsam geborgen und dann vom Priester konsumiert (getrunken) werden.

Schwenken des Kelches

Der Priester schwenkt den Kelch hin und her, so dass Hostienteilchen vom Kelchrand ins Wasser gelangen.

Leertrinken des Kelches

Der Priester trinkt den Kelch (mit den gesammelten Hostienteilchen) leer. Dabei spricht er ein Gebet, mit dem er Jesus darum bittet, dass wir nicht nur äußerlich ein Stück Brot gegessen, sondern Jesus bei der Kommunion mit einem frohen und bereiten Herzen empfangen haben und wir damit dem Himmel, dem ewigen Leben mit Gott, ein Stück näher gekommen sind.

Während der Priester den Kelch leer trinkt, betet er still:

P: Was wir mit dem Munde empfangen haben, Herr,
das lass uns mit reinem Herzen aufnehmen,
und diese zeitliche Speise
werde uns zur Arznei der Unsterblichkeit.

Trocknen von Hostienschale und Kelch mit dem Kelchtüchlein

Der Priester trocknet Hostienschale und Kelch, indem er sie mit dem Kelchtüchlein auswischt.

Aufräumen

Nun wird alles wieder aufgeräumt. Der Priester faltet das „Korporale“, das ist das Tuch, auf dem der „Corpus“ (der Leib des Herrn = die verwandelte Hostie) lag, zusammen. Er legt es mit dem Kelchtüchlein und der „Palla“ (dem Deckel) auf den Kelch. Falls es ein Kelchvelum gibt, ein Tuch, mit dem der Kelch bedeckt wird, legt der Priester es abschließend über den Kelch.

Abtragen des Altares

Meistens tragen Ministranten dann den gereinigten Kelch und die leeren Hostienschalen wieder zurück auf die Kredenz, das kleine Tischchen.

BESINNUNG UND DANK

Wir danken Gott (z.B. mit einem Lied).

SCHLUSSGEBET

Der Priester spricht das Schlussgebet; dazu stehen wir auf.

P: Lasset uns beten …

Es folgt das Schlussgebet.

Die Gläubigen antworten mit:

A: **Amen.**

VERLAUTBARUNGEN

Es werden kurz aktuelle und wichtige Mitteilungen für die Gemeinde vorgelesen.

Ende der heiligen Messe

ENTLASSUNG

SCHLUSSSEGEN

Der Priester spendet uns den Schluss-Segen. Segnen heißt auf lateinisch „benedicere“, das heißt wörtlich: „gut sagen“. Wenn der Priester uns segnet, spricht er uns also Gottes gute Worte, seine Zuwendung und seinen Schutz zu. Dabei bekreuzigen sich die Gläubigen.

P: Der Herr sei mit Euch.
A: **Und mit Deinem Geiste.**

P: Es segne Euch der allmächtige Gott,
der Vater und der Sohn und der Heilige Geist.
A: **Amen.**

AUSSENDUNG

Der Priester sendet uns in die Welt hinaus, damit wir dort, gestärkt mit der Gnade Gottes, das Gute tun und die Menschen zu Jesus führen.
In der Osterzeit (von Ostern bis Pfingsten) ergänzen wir die Aussendung mit dem freudigen Halleluja-Ruf. „Halleluja" ist hebräisch und bedeutet: „Preiset Gott!"

P: Gehet hin in Frieden (Halleluja, Halleluja).
A: **Dank sei Gott, dem Herrn (Halleluja, Halleluja).**

St. Barbara
St. Katharina

Sammlung der liturgischen Dienste zum Auszug

Die liturgischen Dienste sammeln sich nun zum gemeinsamen Auszug aus der Kirche.

St. Barbara
St. Katharina

Altarkuss des Priesters

Der Priester küsst den Altar. Der Altar ist Zeichen für Jesus Christus. Auf diese Weise ehrt der Priester stellvertretend für die ganze Gemeinde zum Abschluss noch einmal Jesus Christus und verabschiedet sich von ihm – bis zum nächsten Gottesdienst.

Barbara

Kniebeuge der liturgischen Dienste vor dem Tabernakel

Als Zeichen für die Verehrung und Anbetung Gottes machen die liturgischen Dienste eine Kniebeuge vor dem Tabernakel. In ihm ist Jesus Christus auch nach der heiligen Messe bleibend gegewärtig. Du kannst ihn während des Tages dort besuchen und ihn anbeten.

AUSZUG der liturgischen Dienste

Die liturgischen Dienste ziehen aus der Kirche aus und kehren zurück in die Sakristiei; das ist der Nebenraum der Kirche, in dem der Priester und die Ministranten ihre liturgischen Gewänder wieder ablegen.

Nach der Heiligen Messe

Gebet zum heiligen Erzengel Michael

Wir brauchen Gottes Schutz und können daher zum Schluss noch das Gebet zum heiligen Erzengel Michael beten.

Heiliger Erzengel Michael, verteidige uns im Kampfe. Gegen die Bosheit und die Arglist des Teufels sei Du unser Schutz. Gott gebiete ihm! So bitten wir flehentlich. Du aber, Fürst der himmlischen Heerscharen, stürze den Satan und die anderen bösen Geister, die zum Verderben der Seelen die Welt durchstreifen, in der Kraft Gottes hinab in den Abgrund der Hölle. Amen.

Bistum Augsburg
Gotteslob
Bistum Augsburg
Gotteslob
Gotteslob
Bistum Augsburg

Zurückbringen des Gesangbuchs

Wir bringen das Gesangbuch (Gotteslob) zurück. Kopierte Liedzettel dürfen wir normalerweise behalten.

Kniebeuge vor dem Tabernakel

In dem kleinen goldenen Kästchen werden die übriggebliebenen Hostien, Jesus unter der Gestalt des Brotes, aufbewahrt. Daher machen wir zum Abschied eine Kniebeuge vor dem Tabernakel.

Wir können zum Beispiel leise beten:

Hochgelobt sei ohne End
Jesus Christus im Allerheiligsten Altarsakrament!

Wir dürfen Jesus aber auch immer mit unseren eigenen Worten ansprechen, z.B.:

Jesus, Du bist im Tabernakel anwesend.
Ich werde Dich bald wieder besuchen!

Bekreuzigen mit Weihwasser

Wir bekreuzigen uns mit Weihwasser. Das heißt: Wir benetzen die Fingerspitzen unserer rechten Hand mit Weihwasser und machen ein großes Kreuzzeichen über unseren Leib – von der Stirn zur Brust und von der linken Schulter zur rechten Schulter.
Auf diese Weise erinnern wir uns daran, dass wir durch das Wasser der Taufe zu Kindern Gottes wurden. Und so stellen wir uns und unser Leben erneut unter den mächtigen Schutz Gottes, unseres himmlischen Vaters. Auch zuhause können wir uns immer wieder mit Weihwasser bekreuzigen.

Dabei beten wir still:

(Gott segne mich) **Im Namen des Vaters und des Sohnes und des Heiligen Geistes. Amen.**

SonntagsZeitung

Verlassen des Gotteshauses

Wir verlassen die Kirche – und wollen so bald wie möglich wieder zur „Feier der heiligen Geheimnisse“ kommen!